¿Qué

la batalla

de G

¿Qué fue la batalla de Gettysburg?

Jim O'Connor
Ilustraciones de John Mantha

SANTILLANA USA

A la memoria del soldado Charles Spiesberger, caído en combate en la Pequeña Cima Redonda el 2 de julio de 1863.
J.O.C.

loqueleo

Título original: *What Was the Battle of Gettysburg?*
© Del texto: 2013, Jim O'Connor
© De las ilustraciones: 2013, Penguin Group (USA) Inc.
© De la ilustración de portada: 2013, Penguin Group (USA) Inc.
Todos los derechos reservados.

Publicado en español con la autorización de Grosset & Dunlap, un sello de Penguin Young Readers Group, una división de Penguin Random House LLC

© De esta edición:
2016, Santillana USA Publishing Company, Inc.
2023 NW 84th Avenue
Miami, FL 33122, USA
www.santillanausa.com

Dirección editorial: Isabel C. Mendoza
Coordinación de montaje: Claudia Baca
Servicios editoriales de traducción por Cambridge BrickHouse, Inc.
www.cambridgebh.com

Loqueleo es un sello de **Santillana**. Estas son sus sedes:
ARGENTINA, BOLIVIA, BRASIL, CHILE, COLOMBIA, COSTA RICA, ECUADOR, EL SALVADOR, ESPAÑA, ESTADOS UNIDOS, GUATEMALA, MÉXICO, PANAMÁ, PARAGUAY, PERÚ, PORTUGAL, PUERTO RICO, REPÚBLICA DOMINICANA, URUGUAY Y VENEZUELA.

¿Qué fue la batalla de Gettysburg?
ISBN: 978-1-631-13410-4

Published in the United States of America
Printed in USA by Whitehall Printing Company

20 19 18 17 16   1 2 3 4 5 6 7 8 9 10

Índice

¿Qué fue la batalla de Gettysburg?

En la actualidad, muchos estadounidenses creen que la Guerra Civil, o Guerra de Secesión, se debió solo al problema de la esclavitud. Veinticinco estados del Norte lucharon para terminar con la esclavitud mientras que once estados del Sur lucharon con la misma fuerza para seguir siendo dueños de esclavos.

Sin duda, la esclavitud fue el motivo principal de la Guerra Civil. Pero hubo otras razones.

Una de ellas era los derechos de los estados. Es decir, cuánto poder tenía cada estado sobre sí mismo. ¿Y si los estados no querían seguir formando parte de Estados Unidos de América? ¿Tenían el derecho a separarse y formar un país propio? El Sur decía: "Sí, podemos hacerlo si queremos". El Norte decía: "No, somos un solo país y debemos seguir siéndolo".

Antes de la guerra, muchos estados del Sur sentían que la actitud antiesclavista del Norte era una amenaza para su forma de vida. El algodón era la industria principal en casi todo el Sur. El algodón se cultivaba en granjas llamadas plantaciones.

Algunas plantaciones eran enormes. Somerset Place, en Carolina del Norte, tenía más de 100,000 acres de terreno.

Los productores de algodón del Sur usaban a los esclavos como trabajadores sin sueldo. En las grandes plantaciones se necesitaban muchos esclavos para sembrar, quitar la maleza y recoger la cosecha. Era común que los productores ricos, conocidos como "los Reyes del Algodón", fueran dueños de quinientos esclavos.

Los esclavos pertenecían a sus dueños, igual que

los caballos y las vacas. Los esclavos no tenían derechos. No podían votar. No podían tener propiedades. Se vendían en remates. Hacia 1860 había casi cuatro millones de esclavos en el Sur.

En el Norte, la tierra no era buena para cultivar algodón ni tabaco, el otro gran producto del Sur.

Las granjas del Norte eran pequeñas. Cada vez más gente trabajaba en fábricas y empresas comerciales. Aunque en los primeros años después de la formación de Estados Unidos algunas personas del Norte habían tenido esclavos, años después la esclavitud casi se había eliminado por completo. Hacia la década de 1820 mucha gente del Norte pensaba que la esclavitud era una práctica terriblemente injusta. Debía ser abolida, es decir, eliminada en todo el país.

El Movimiento Abolicionista se hizo más fuerte en los años anteriores a la Guerra Civil. En 1852 se publicó la novela *La cabaña del tío Tom*, de Harriet Beecher Stowe, que mostraba la difícil vida de los esclavos. En un año se vendió la increíble cantidad de 300,000 ejemplares. Sirvió para que los abolicionistas ganaran más seguidores.

Siempre había existido tensión entre el Norte y el Sur. Pero ahora era mucho peor.

En 1860, Abraham Lincoln fue elegido presidente, y para los estados del Sur eso fue

la gota que colmó el vaso. Lincoln estaba en contra de la esclavitud y no quería que se extendiera a los nuevos estados de la Unión. También creía que los

Bandera de la Unión

estados no debían tener el derecho de secesión, es decir, de abandonar la Unión.

Pero fue eso precisamente lo que hicieron siete estados del Sur a principios de 1861. Formaron los Estados Confederados de América. Más tarde se les unieron cuatro estados más.

Bandera de la Confederación

El 12 de abril de 1861, los artilleros confederados abrieron fuego contra el Fuerte Sumter, en el puerto Charleston de Carolina del Sur. El bombardeo duró treinta y cuatro horas y dejó el fuerte en ruinas. Increíblemente no hubo muertes entre los hombres de la Unión. Enseguida, el Fuerte Sumter se rindió. La Guerra Civil había comenzado.

Fuerte Sumter

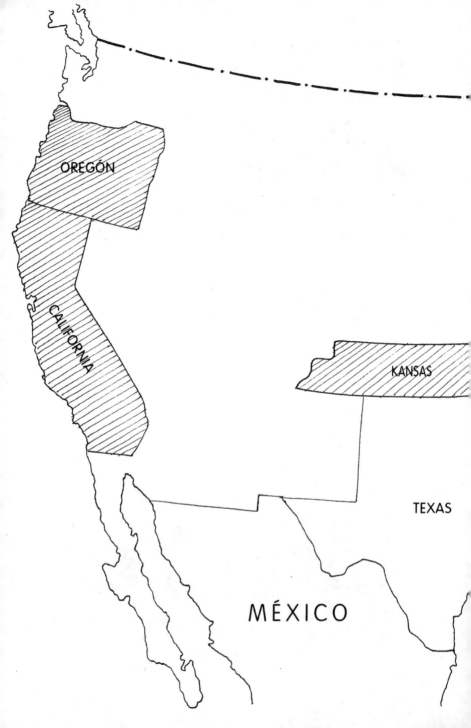

MINNESOTA

WISCONSIN

MICHIGAN

N. HAMPSHIRE

VERMONT

MAINE

NUEVA YORK

MASSACHUSETTS

RHODE ISLAND

CONNECTICUT

NUEVA JERSEY

IOWA

PENSILVANIA

DELAWARE

OHIO

ILLINOIS

INDIANA

WASHINGTON, D.C.

MARYLAND

VIRGINIA

MISURI

KENTUCKY

ARKANSAS

TENNESSEE

CAROLINA DEL NORTE

CAROLINA DEL SUR

MISSISSIPPI

ALABAMA

GEORGIA

Océano Atlántico

LUISIANA

FLORIDA

1861

Estados de la Unión

Estados Confederados

Jefferson Davis

Jefferson Davis fue el primer y único presidente de los Estados Confederados de América. Nació el 3 de junio de 1808 en Kentucky, a solo cien millas de donde nació Lincoln el 12 de febrero de 1809.

Davis se graduó en West Point. Es decir, en la Academia Militar de Estados Unidos, en West Point, Nueva York. Muchos soldados famosos y presidentes de Estados Unidos se graduaron en West Point. Davis prestó servicio en el Ejército de Estados Unidos y tiempo después se convirtió en un rico productor de algodón de Mississippi. Como otros productores de algodón, Davis tenía esclavos. Tenía por lo menos setenta y cuatro esclavos trabajando en su plantación. Uno de ellos, William Jackson, trabajaba en la casa de Davis y durante la guerra se convirtió en espía de la Unión.

Davis fue senador por Mississippi por dos mandatos. Extrañamente, antes de la Guerra Civil, Davis se había declarado ante el Congreso en contra de los estados del Sur que se separaban de la Unión. Quería que los estados del Sur encontraran una vía para que el Congreso les permitiera quedarse con los esclavos. Sin embargo, en 1861, después de que siete estados abandonaran la Unión, Jefferson Davis renunció a su banca en el Senado.

En noviembre de 1861 fue elegido presidente de los Estados Confederados. Su vicepresidente era Alexander H. Stephens, de Georgia, que había sido parte de la Cámara de Representantes.

Jefferson Davis era un líder frío y exigente. La mejor decisión que tomó fue designar a Robert E. Lee como jefe de las tropas confederadas.

Al terminar la guerra, Davis fue arrestado y acusado de traición. Sin embargo, nunca fue juzgado. Jefferson Davis fue liberado de prisión en 1867. Murió en Nueva Orleáns el 6 de diciembre de 1889.

Capítulo 1
Un pueblito de Pensilvania

En julio de 1863 dos ejércitos enormes lucharon en una encarnizada batalla cerca del pueblo de Gettysburg, Pensilvania.

La Guerra Civil estadounidense entre el Norte y el Sur había sido intensa durante dos años. Una

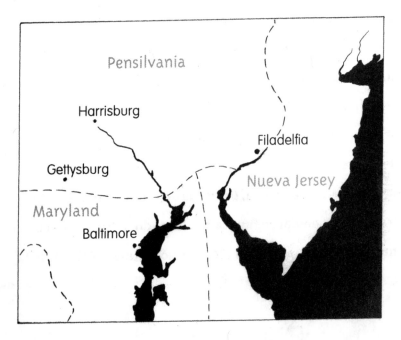

guerra civil ocurre cuando personas de un mismo país se enfrentan unas contra otras. Hermanos luchan contra hermanos, padres luchan contra sus hijos, amistades de toda la vida terminan en odio y muerte.

Soldado de la Unión **Soldado de la Confederación**

Gettysburg no fue la primera batalla de la Guerra Civil. Tampoco fue la última. Pero fue la más sangrienta. Participaron unos 165,000 soldados: 90,000 de la Unión contra 75,000 del Sur. Al terminar la batalla, tres días después, casi 50,000 hombres habían muerto, resultado heridos o desaparecido. Después de Gettysburg, la Guerra Civil duraría dos años más. La lucha no paró hasta que el Sur se rindió, el 9 de abril de 1865.

Robert E. Lee se rinde ante Ulysses S. Grant.

Sin embargo, Gettysburg se considera la batalla más famosa de esta guerra. ¿Por qué? En Gettysburg, la situación cambió. Hasta entonces el Sur había estado ganando. Después de Gettysburg, los confederados ya no estaban tan seguros de que su ejército fuera invencible. Y después de dos años de perder batallas, las fuerzas del Norte sintieron orgullo y seguridad. Creían que iban a ganar la guerra. Y tenían razón.

Gettysburg era un próspero pueblo de 2,400 habitantes que vivía del comercio. Desde el pueblo salían diez caminos como si fueran los rayos de una rueda. Hasta julio de 1863 Gettysburg no era tan conocido como otros lugares de Pensilvania, como Filadelfia o Harrisburg.

Ningún bando pensaba luchar en Gettysburg. Pensilvania era un estado del Norte. Hasta entonces, las batallas se habían realizado por todo el Sur, en Tennessee, Luisiana, Virginia, Carolina del Norte, Carolina del Sur, Maryland, Kentucky, Mississippi, Virginia Occidental, Texas y Georgia. El punto más al norte en donde se había luchado era cerca de Washington, D.C.

Pero ahora, al general confederado Robert E. Lee se le había ocurrido una idea. Lee era el general más importante del ejército del Sur. Quería derrotar al ejército del Norte en su propio territorio. Entonces envió sus tropas al Norte, hacia las fértiles tierras de Pensilvania. Primero tenían que conseguir suministros. Entraban a las tiendas y granjas y forzaban a la gente a venderles lo que necesitaran: comida, zapatos, ropa.

Los soldados del Sur pagaban con dinero de
la Confederación
que no tenía valor
en el Norte.

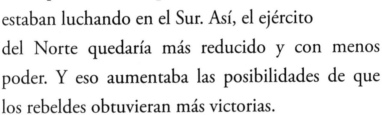

Al empezar
una batalla en
Pensilvania, Lee atraería
hacia esa zona parte de
las tropas del Norte que
estaban luchando en el Sur. Así, el ejército
del Norte quedaría más reducido y con menos
poder. Y eso aumentaba las posibilidades de que
los rebeldes obtuvieran más victorias.

En Pensilvania, Lee quería escoger los mejores
lugares para que sus hombres lucharan. Por ejem-
plo, la cima de las colinas. Desde allí los soldados
podrían vigilar hacia todas las direcciones y des-
truir cualquier ejército que se acercara. Lee esperaba que una vez que sus tropas se atrincheraran en
las colinas de Pensilvania, eliminaran a las tropas
del Norte. Pensaba que si su plan funcionaba, la

Unión se iba a rendir. La guerra terminaría para siempre. Y Abraham Lincoln tendría que reconocer a la Confederación como un país independiente.

El plan del general Lee comenzó bien. Sus tropas entraron a Pensilvania sin problemas. El 29 de junio se prepararon para atacar Harrisburg, la capital del estado.

Robert E. Lee

El general Robert Edward Lee nació el 19 de enero de 1807 en la plantación Stratford Hall, en Virginia. Su padre, Henry Lee, apodado "Harry Caballo Ligero", había sido un héroe de la Guerra de Independencia.

Lee se graduó como el segundo de su promoción en West Point. Durante la guerra México-Estados Unidos, por un tiempo estuvo a las órdenes de Ulysses S. Grant. Grant era el general ante el cual Lee se rendiría en 1865, al terminar la Guerra Civil.

Lee pensaba que la secesión de los estados del Sur era un error. También decía que la esclavitud era "un mal moral y político en cualquier país".

Al empezar la guerra, el presidente Lincoln nombró a Lee comandante del Ejército de la Unión. Lee no aceptó. Había decidido unirse a la Confederación.

¿Por qué?

Robert E. Lee era leal a su estado natal, Virginia. Los Lee eran una de las familias más antiguas de Virginia. Su esposa era la bisnieta de Martha Custis, la esposa de George Washington.

Cuando Jefferson Davis le pidió que dirigiera las tropas del Sur, Lee aceptó. Era un general inteligente y las tropas lo obedecían. Pero su derrota en Gettysburg fue aplastante. Fue un momento crucial de la Guerra Civil.

Después de la guerra, Lee pasó a ser presidente de Washington College, en Virginia. (luego de la muerte de Lee, este pasó a llamarse Washington and Lee). Robert E. Lee murió el 12 de octubre de 1870 en Lexington, Virginia.

Capítulo 2
En el puesto de observación

El ejército del Norte sabía que Lee estaba en Pensilvania. ¿Pero dónde?

El 30 de junio, la caballería de la Unión exploraba por delante de un ejército numeroso que se dirigía lentamente hacia el Norte desde Virginia. Los exploradores entraron a Gettysburg, y allí se enteraron de que había un gran ejército confederado en

el norte y el oeste del pueblo. Se lo informaron a su comandante, el general John Buford.

Buford pensaba que Gettysburg era un buen lugar para detener el avance de los confederados

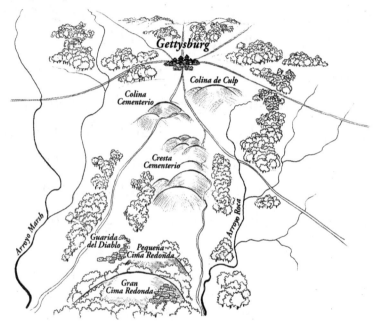

por Pensilvania. Las montañas que estaban al oeste del pueblo les servirían de protección. Buford no tenía suficientes hombres para derrotar a las fuerzas del Sur. Pero sus soldados podrían mantener a los confederados en la bahía hasta que más tropas de la Unión llegaran. Buford le dijo a uno de sus hombres: "Los atacarán por la mañana y llegarán haciendo mucho ruido, con filas de soldados muy entrenados. Deberán luchar como fieras para no caer".

Buford envió un mensajero a su comandante, el

General Buford

mayor general John Reynolds. Buford le mandó a decir que esperaba un ataque al día siguiente. Era urgente que le enviara más tropas con rapidez.

Al anochecer, el general Buford apostó soldados en todos los caminos que iban a Gettysburg desde el este, oeste y norte. Las tropas que colocó en el oeste las dispersó a lo largo de las montañas. Tan pronto como vieran a las tropas rebeldes, deberían informárselo a Buford.

Aun con un ejército más poderoso, a los soldados del Norte les iba a resultar difícil derrotar a los rebeldes. Las tropas de la Unión habían sufrido muchas pérdidas. Lee había demostrado que era mejor líder que los generales del Norte.

El general Buford necesitaba un buen puesto de observación. Cerca estaba el Seminario Luterano, que tenía una cúpula, una pequeña torre, en el techo. Desde allí, Buford podría observar en todas las direcciones. Al amanecer podría ver si el enemigo se acercaba. También esperaba ver al general Reynolds y sus hombres marchando desde el Sur para ayudarlo.

Por ahora, lo único que podía hacer era esperar.

Capítulo 3
El primer día: 1 de julio de 1863

A eso de las siete de la mañana del día siguiente, dos brigadas de soldados confederados marchaban hacia Gettysburg. Su líder era el general Henry Heth.

El día anterior, los exploradores de Heth le habían informado que la caballería de la Unión estaba cerca de Gettysburg. Él pensaba que sería un grupo pequeño de

General Heth

soldados locales. Sus hombres podrían dominarlos fácilmente. Debería haber enviado patrullas para averiguar exactamente cuántos soldados del Norte había. Pero no lo hizo. Y fue un gran error.

Los soldados de la Unión que estaban en las montañas observaron una nube de polvo que venía hacia ellos. Eran las fuerzas rebeldes. Cuando las tropas enemigas se acercaron, Marcellus Jones, un joven oficial de la Unión, tomó prestada de uno de sus hombres un arma llamada carabina. La apoyó sobre una cerca, apuntó con cuidado y disparó. Fue el primer disparo de la sangrienta batalla de Gettysburg.

A ambos lados, la infantería (soldados a pie) llevaba unas armas llamadas mosque-
tes. Un soldado tenía que ponerse
de pie para cargar su mosquete
de cinco pies de largo. Durante ese tiempo que-
daba expuesto al fuego
del enemigo.

Sin embargo, la caba-
llería de la Unión estaba
equipada con un nuevo
tipo de rifle llamado ca-
rabina de precisión. Es-
tos rifles eran pequeños,
de solo treinta y nueve
pulgadas de largo. Los
soldados podían cargar-
los fácilmente, sentados
o acostados. Simple-
mente tenían que des-
lizar un cartucho por

una ranura al costado de la carabina. Eso les permitía a los soldados de la Unión disparar seis veces en un minuto; el doble que con los mosquetes. Además, los soldados con carabinas podían quedarse escondidos mientras cargaban sus armas.

Aunque los rebeldes los superaban en número, los soldados de la Unión hicieron exactamente lo que el general Buford quería. Detuvieron el avance de los confederados.

Como los rebeldes recibieron más tropas, los hombres de Buford tuvieron que replegarse media milla, hasta otras montañas. Los rebeldes seguían avanzando, creyendo que el enemigo escapaba.

Carabina de precisión

Pero en la siguiente cordillera, los sorprendieron. Dos brigadas de caballería de la Unión los estaban esperando. Seis cañones bloqueaban el camino. El fuego era tan intenso

que los rebeldes se retiraron. Pero no por mucho tiempo. En menos de una hora volvieron al ataque con varios miles de hombres más.

A eso de las 10:30, John Reynolds, un general de la Unión, llegó a Gettysburg con refuerzos. Galoparon hasta el edificio del Seminario Luterano y se encontraron con Buford. "¿Qué ocurre, John?", preguntó Reynolds.

"Allí nos espera un problema", respondió Buford. Inmediatamente le dijo a Reynolds lo que estaba pasando. Sus tropas habían podido detener a la infantería enemiga. Pero no podrían aguantar mucho más.

General Meade

Entonces Reynolds envió un mensajero a su ejército, que estaba a pocas millas de allí. "Vengan ya a Gettysburg. No hay tiempo que perder".

Reynolds envió otro mensajero al campamento del general George G. Meade, en Taneytown, Maryland. Allí había un ejército de ocho mil hombres. Meade era el general en jefe de todo el ejército de la Unión. Él sabía que en Gettysburg había grandes fuerzas rebeldes. Sin embargo, sabía que Reynolds no se quería rendir, según le informó el mensajero. Reynolds iba a resistir a los rebeldes "poco a poco". Era el lugar perfecto para luchar contra Lee. Para eso, Reynolds necesitaba un ejército grande.

Las primeras dos brigadas de Reynolds llegaron al campo de batalla a eso de las 10:30 a. m. Una de ellas era la famosa "Brigada de Hierro" de Wisconsin, Indiana y Míchigan. La Brigada de Hierro usaba un característico sombrero de copa negro. Los rebeldes ya habían luchado contra ellos y sabían que la Brigada de Hierro era fuerte, valiente y nunca se retiraba.

Reynolds dirigía la acción: "Avancen, soldados, avancen por el amor de Dios". De repente, cayó del caballo. Había recibido un disparo en la cabeza.

"Nunca había visto morir a alguien tan rápido", contó un soldado.

Era una gran pérdida para la Unión. Reynolds era uno de sus oficiales más experimentados. También era muy bueno para planificar batallas. Ya no estaba entre ellos.

Los hombres de Reynolds enterraron su cuerpo debajo de un árbol. Hoy, los visitantes de Gettysburg pueden ver un monumento en el lugar donde cayó el General.

Reynolds fue el oficial de más alto rango que murió en Gettysburg, contando ambos bandos. Lo reemplazó el general Abner Doubleday. En 1861, cuando comenzó la Guerra Civil, el puesto de Doubleday estaba en el Fuerte Sumter. (Al terminar la guerra se dijo que Doubleday había inventado el béisbol, lo cual no es cierto).

La función de Doubleday era contener a los rebeldes lo máximo posible. Meade y sus hombres iban a tardar varias horas en llegar a Gettysburg. La Brigada de Hierro hizo honor a su nombre. Se metieron en el bosque y alejaron a los rebeldes hasta Chambersburg Pike.

También capturaron al general confederado James Archer. Doubleday y Archer se conocían desde antes de la guerra.

—Buenos días, Archer —le dijo Doubleday al general del Sur, cuando lo trajeron frente a él—. ¿Cómo estás? Es un gusto verte.

Archer no quiso darle la mano a su viejo amigo.

—Pues para mí no es un gusto —contestó.

Mientras tanto, la batalla cambiaba minuto a minuto. Doubleday notó que el bando derecho de la Unión había empezado a replegarse hacia el pueblo. Los rebeldes, que estaban bajo las órdenes del general Joseph Davis, se movían tan rápido que pasaron por encima de Doubleday y sus hombres.

Inmediatamente, Doubleday envió tras ellos un regimiento. Ahora, los confederados recibían ataques de ambos lados y buscaban la forma de escapar. Encontraron una zanja del ferrocarril abandonada. Les serviría de trinchera. Cuando los rebeldes se metieron se dieron cuenta de que era muy profunda para poder disparar desde allí.

Las tropas de la Unión bloquearon ambos extremos de la trinchera e iniciaron un fuego mortal. En pocos minutos murieron docenas de rebeldes. Los hombres de Davis no tuvieron otra opción más que rendirse.

Pero la Unión no iba a disfrutar esta pequeña victoria por mucho tiempo. Cada vez se acercaban más tropas confederadas desde el norte y el oeste. De hecho, casi todo el ejército rebelde estaba llegando a Gettysburg. Doubleday les ordenó a sus hombres que se replegaran por el pueblo y subieran a la colina de Culp y a la cresta Cementerio, que estaban como a una milla de distancia.

La lucha continuaba en las calles de Gettysburg, donde muchos soldados de la Unión murieron o fueron capturados. En la portería del cementerio del pueblo había un cartel que decía: "Quienes usen armas de fuego en este lugar serán castigados con el mayor rigor de la ley". Ese cartel se había puesto mucho antes de la guerra. Durante tres días, esas palabras fueron ignoradas por los soldados de ambos bandos.

Casi la mitad de las tropas de la Unión llegó a salvo a las dos colinas. La primera tarea era cavar y construir muros y trincheras temporales.

Los rebeldes se acercaban. Si los del Sur se hubieran organizado para atacar en las colinas, habrían vencido a los hombres de Doubleday y dominado el sitio.

Pero un oficial confederado contuvo a sus hombres. Fue un gran error. ¿Quién sabe? Quizás si hubiera tomado otra decisión el resultado de la batalla de Gettysburg habría sido diferente.

Soldados rebeldes, rodeados en una trinchera

En las últimas horas del 1 de julio, las tropas de la Unión ocupaban la colina de Culp, extendiéndose a lo largo de la cresta Cementerio, desde la colina Cementerio hasta la Pequeña Cima Redonda. Habían perdido muchos hombres: casi diez mil habían sido capturados o dados de baja. Pero lograron dominar las colinas.

Las fuerzas del Sur acamparon en Gettysburg y sus alrededores. Los rebeldes habían perdido casi ocho mil hombres. Y además habían perdido el dominio de las colinas.

Había sido un día muy sangriento. Y aún faltaba lo peor.

Mathew Brady

La Guerra Civil fue la primera guerra importante que contó con un registro fotográfico de la muerte y destrucción causadas en las batallas. En las guerras anteriores, los dibujantes hacían bosquejos de las escenas, que después se publicaban en periódicos y revistas. Mathew Brady fue el fotógrafo más famoso de la Guerra Civil. Él y sus ayudantes no fotografiaban combates. El equipo fotográfico era muy grande y pesado para cargarlo por el campo de batalla. Tenían su propio cuarto oscuro en una carreta tirada por caballos; allí revelaban las fotos.

A veces, los fotógrafos movían los cuerpos para crear mejores fotos. Un famoso fotógrafo de Gettysburg recreó la muerte de un soldado confederado con su mosquete apoyado sobre una roca.

Capítulo 4
El segundo día: 2 de julio de 1863

Mientras las tropas de la Unión intentaban recuperar horas de sueño, el general George G. Meade llegó a Gettysburg. Era la una de la madrugada del 2 de julio. Su ejército de ocho mil hombres estaba

cerca. Meade exploró la zona e ideó un plan de batalla junto con otros oficiales.

Las tropas se dispersaron a lo largo de cuatro millas. Era una línea de combate larga, pero la geografía favoreció a la Unión. Uno de los extremos de la línea regresaba, siguiendo la forma de un anzuelo. La colina de Culp y la Pequeña Cima Redonda estaban a solo dos millas de distancia. El general Meade quería que sus refuerzos se quedaran detrás de las montañas, entre las dos colinas. Así le resultaría más fácil dirigir a sus hombres al lugar de combate donde más los necesitara.

La larga línea de combate le daba otra ventaja a Meade. Robert E. Lee tendría que dispersar sus tropas a lo largo de seis millas para poder contener a las fuerzas de la Unión.

Llegaron más brigadas para fortalecer a cada ejército. Los hombres dormían cerca de fogatas

que se veían en las colinas y campos de Gettysburg. Los soldados limpiaban su equipo; muchos escribían cartas a su familia. Se quejaban de la comida, el clima y el aburrimiento. Pedían medias, aguja e hilo, mantas de algodón, y más cartas de sus seres queridos.

Mucho antes de la madrugada del 2 de julio, Robert E. Lee, del Sur, y George Meade, del Norte, planeaban, cada uno, cómo iba a ser la batalla de ese día.

La estrategia de Meade era simple. Pondría cañones a lo largo de toda la línea, desde la colina Cementerio hasta la Pequeña Cima Redonda. La infantería estaría entre los cañones. Su ejército estaba en posición para bombardear cualquier sitio del campo de batalla desde arriba.

Lee se reunió con James Longstreet y Richard Ewell, dos generales que estaban bajo su mando, para preparar el plan para ese día. Los dos jóvenes oficiales no se ponían de acuerdo. El día anterior Ewell había dudado en perseguir a las tropas de la

Unión. Ahora quería atacar la línea de la Unión
entre las dos colinas. Pensaba que así obligaría al
general Meade a mover tropas desde una tercera
colina, la colina de Culp, para ayudar a las tropas
que estuvieran siendo atacadas. Entonces, los hombres de Ewell podrían invadir la colina de Culp y
controlarla. Y allí estarían en un buen punto para
dispararle al enemigo.

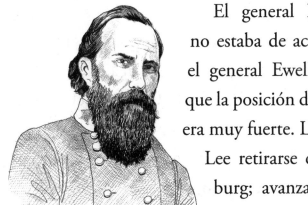

General Longstreet

El general Longstreet no estaba de acuerdo con el general Ewell. Pensaba que la posición de la Unión era muy fuerte. Le sugirió a Lee retirarse de Gettysburg; avanzar hacia el sur y quedarse entre el ejército de la Unión y Washington, D.C. Así, Meade se vería obligado a ir tras ellos. Y ellos podrían buscar un terreno favorable para ganarle al Norte.

Lee le dijo: "Nos quedaremos en Gettysburg y los acabaremos". Después de todo, el Sur había derrotado a los soldados del Norte dos veces en Bull Run, y en Fredericksburg y Chancellorsville. Pensaba que sus hombres podían contra todo. Mantenía su idea de luchar en Pensilvania... ¡y vencer!

Longstreet tuvo que aceptar el plan de Lee y Ewell. Entonces sugirió que los soldados confederados tomaran una ruta que los mantuviera fuera de la vista del enemigo. Era una ruta más larga pero creía que valía la pena. Lee estuvo de acuerdo. Desafortunadamente, las tropas no llegaron al lugar elegido hasta la tarde. Eso le dio a la Unión muchas horas para cavar y prepararse para un ataque.

Dan Sickles, general de la Unión, estaba a cargo de organizar el extremo izquierdo de la línea de combate de la Unión en la Pequeña Cima Redonda. Sickles no tenía entrenamiento militar. Antes de la guerra había sido senador por Nueva York. Por su cuenta, decidió llevar sus tropas media milla más lejos, a una zona conocida como la Guarida del Diablo. Otra parte de sus tropas se ubicó en un huerto de duraznos, y otra más en un trigal.

Sickles hizo todo eso sin el

General Sickles

permiso del general Meade. (Meade nunca lo hubiera aprobado).

A las 4:00, los confederados empezaron a atacar. Se sorprendieron al ver a los hombres de Sickles tan adelantados con respecto del resto de la línea de la Unión. En la furiosa lucha, las tropas de Sickles perdieron muchos hombres.

Cuando terminó la guerra, Sickles seguía insistiendo en que su plan había sido mucho mejor que el de Meade. Incluso intentó acreditarse la victoria de la Unión. Pero la mayoría de los historiadores piensan que Sickles cometió un error.

Los hombres de Sickles se replegaron. Los que quedaban vivos se reunieron donde Meade había indicado originalmente. Y para Sickles, la guerra terminó esa tarde, cuando la bala de un cañón le destrozó la pierna derecha. Lo llevaron al puesto de primeros auxilios, donde le amputaron la pierna. Sickles no quiso que el médico tirara su pierna, y le pidió a un asistente que la recogiera.

Al terminar la guerra, Sickles puso los huesos en una caja con forma de ataúd y los donó al Museo de Washington, D.C. Y cada 2 de julio, en el aniversario de la batalla, iba a visitar su pierna.

Mientras tanto, la Pequeña Cima Redonda había quedado totalmente desprotegida. Gouverneur

Warren, general de la Unión, descubrió la cumbre desierta y le envió un mensaje urgente a Meade: "Envíe tropas ya".

El general Meade envió compañías desde Maine, Nueva York, Pensilvania y Míchigan para cercar la Pequeña Cima Redonda. Tuvieron éxito. Aunque la Pequeña Cima Redonda fue atacada muchas veces, nunca fue tomada.

La historia de la Compañía 140
y Charlie Spiesberger

La Compañía de Infantería 140 de Nueva York estaba entre las compañías que lucharon en la Pequeña Cima Redonda. Era de Rochester, NY, y estaba bajo las órdenes del coronel Patrick O'Rorke. Los O'Rorke eran una familia de inmigrantes irlandeses. Muchos de los hombres de la Compañía también eran inmigrantes. Más de 500,000 soldados que lucharon en la Guerra Civil no habían nacido en Estados Unidos.

Charlie Spiesberger, de dieciocho años de edad, era uno de los jóvenes reclutas inmigrantes de la 140 (su familia era de Austria). Llevaba solo nueve meses en el ejército. Las cartas que enviaba a su familia estaban en alemán. En una de ellas les decía a sus padres que esperaba que usaran el dinero para ellos y para reparar la casa.

Llegó a Gettysburg en la madrugada del 2 de julio, con el resto de la Compañía. Habían marchado durante horas.

Algunos tenían tantas ampollas en los pies que caminaban descalzos.

O'Rorke y sus hombres debían ayudar a proteger la Pequeña Cima Redonda. Llegaron a la cima justo cuando los soldados confederados estaban subiendo por el otro lado. Los rebeldes estaban a solo treinta pies de distancia.

Inmediatamente, O'Rorke ordenó atacar. Segundos después murió de un disparo en el cuello. Charlie y el resto de la 140 continuaron con el ataque. Los rebeldes se replegaron. La Pequeña Cima Redonda había quedado en manos de la Unión.

Además de O'Rorke, esa tarde murieron otros veinticinco soldados de la Compañía 140. Uno de ellos fue el joven Charlie Spiesberger. Era el tío de mi abuelo.

JIM O'CONNOR

Las tropas confederadas del general Ewell intentaron tomar la colina de Culp. El ataque del Sur fue lento y sangriento. La colina era empinada y los soldados debían escalar enormes rocas. Era difícil ganar terreno. Los rebeldes no lograron hacer mucho, y los disparos de las tropas de la Unión fueron devastadores.

Al caer el día, los soldados del Sur encontraron un punto de apoyo al pie de la colina.

Ewell planeó un ataque para el amanecer del día siguiente. Pensaba tomar a su enemigo del Norte por sorpresa.

Capítulo 5
El tercer día: 3 de julio de 1863

El ataque sorpresa del Sur nunca ocurrió. En cambio, a las 4:30 a. m. los soldados de la Unión abrieron fuego contra los confederados en la colina de Culp. Los confederados devolvieron los disparos. La lucha era intensa. Pero una brigada de los soldados de Nueva York detuvo a los rebeldes. Se habían metido detrás de barricadas de troncos que los protegían. Los buenos tiradores de la Unión podían ver a los confederados cuando estos trataban de escalar la empinada colina.

Los rebeldes intentaron subir la colina dos veces. Y las dos veces tuvieron que regresar. A media mañana perdieron el terreno que habían ganado el día anterior.

Además del ataque de la colina de Culp, el plan de Lee para el 3 de julio tenía dos partes más.

Una parte consistía en un ataque masivo de infantería, de 15,000 hombres, en el centro de la gran línea de combate de la Unión. Al mismo tiempo, la caballería del general Jeb Stuart iba a sorprender al enemigo por la retaguardia.

Para Lee, Stuart era el explorador más confiable. Hasta ese momento, los hombres de Stuart no habían participado en Gettysburg.

Cuando el ejército confederado entró a Pensilvania a finales de junio, llevaba órdenes precisas de Lee. La caballería de Stuart debía averiguar si había tropas de la Unión en Pensilvania, y reportar el número de soldados y sus movimientos. Stuart y sus hombres ya habían cumplido antes ese tipo de misión. Lee contaba con ellos para obtener información precisa. Pero Stuart no se reportó. ¿Por qué?

General Stuart

Apenas empezó a dirigirse al Norte, Stuart se encontró con un tren de la Unión. Los vagones estaban llenos de suministros muy necesarios para los rebeldes. Los hombres de Stuart tomaron los vagones y Stuart decidió llevarle los valiosos suministros a Lee. Fue una mala decisión.

Enfocarse en los suministros retrasó tanto a Stuart que las tropas de Meade, del Norte, llegaron a Pensilvania y Lee no se enteró. (Y estaban a solo veinte millas de distancia).

Cuando Stuart se enteró de que había dos ejércitos en Gettysburg, la batalla ya había empezado. Finalmente, Stuart abandonó el tren con suministros y se dirigió al cuartel general de Lee.

Lee, que siempre era muy amable con Stuart, esta vez lo saludó fríamente. Si Lee hubiera sabido que los soldados del Norte estaban tan cerca, habría preparado un ataque sorpresa. O los hubiera esquivado por completo.

La oportunidad para que Stuart reparara su error era lograr la victoria con un ataque de caballería el día 3 de julio.

Mientras tanto, el general Longstreet seguía tratando de convencer a Lee de que se olvidara del ataque y partiera hacia el sur. Una vez más, insistió en que la posición de la Unión a lo largo de la cresta Cementerio, desde la colina Cementerio hasta la Pequeña Cima Redonda, era muy fuerte. Además, los soldados estaban agotados después de dos días de batalla. Hacía falta tropas nuevas.

"General, he sido soldado toda la vida", le dijo Longstreet. "En mi opinión, no hay manera de que 15,000 hombres, por muy listos que estén para la batalla, puedan ganar esa posición".

Jeb Stuart

James Ewell Brown (conocido como Jeb) era de Virginia, como Robert E. Lee. Nació en Lauren Hill Farm, el 6 de febrero de 1833. Se graduó de West Point, fue un gran soldado y una persona interesante. Tenía una barba negra, larga y tupida, y usaba un sombrero con rayas rojas y un cinto de un amarillo vivo. En su sombrero siempre había una pluma de avestruz.

Como muchas familias, la de Stuart fue dividida por la Guerra Civil. Flora, su esposa, era hija de Philip St. George Cooke, general de la Unión. Sin embargo, el hermano de Flora, el general John Rogers Cooke, luchó por la Confederación.

Stuart era conocido por su valentía. El 12 de junio de 1862 preparó un ejército de 1,200 hombres y, en cuatro días, rodeó a más de 100,000 soldados de la Unión en Virginia. Stuart se reportó con el general Lee con información importante sobre el enemigo.

Sin embargo, Stuart le falló a su comandante, Robert E. Lee, en Gettysburg. Cuando Stuart llegó a la batalla en las últimas horas del segundo día, esta estaba en su momento más intenso. El 3 de julio de 1863, la caballería de Stuart trató de asaltar a las fuerzas de la Unión cerca de la colina de Culp. Pero no tuvo éxito.

Luego de perder la batalla de Gettysburg, Lee le ordenó a Stuart proteger al ejército confederado mientras este se replegaba hacia el Sur.

Menos de un año más tarde, el 11 de mayo de 1864, Jeb Stuart fue herido en la batalla de Yellow Tavern, Virginia. Murió al día siguiente. Solo tenía treinta y un años.

Con la frase "esa posición", Longstreet se refería a la línea de combate de la Unión, que tenía muchas millas de largo. Una tropa de 15,000 hombres no era suficiente para esa misión.

Sin embargo, Lee no lo quiso escuchar. Estaba decidido a seguir con su plan. Pensaba que podía derrotar al enemigo en Gettysburg. "Atacaremos", le dijo a Longstreet.

Capítulo 6
El tercer día: el ataque de Pickett

General Pickett

Las agotadas tropas rebeldes recibieron buenas noticias. En la noche del 2 de julio, el general George Pickett y sus 5,400 soldados llegaron desde Virginia. Fueron los últimos en llegar a Gettysburg. Los hombres de Pickett aún no habían luchado. Lee los combinó con partes de otras dos divisiones. Aun así, solo llegaban a 12,500 hombres en vez de los 15,000 que había planeado Lee.

Lee contaba con 160 cañones dirigidos hacia las líneas de combate de la Unión. Bombardearía y destruiría los cañones del enemigo. Esto causaría muchas pérdidas entre los soldados del Norte.

Así, los rebeldes podrían atacarlos metiéndose entre una arboleda. Lee pensaba que este era el punto más débil de la línea de la Unión. Si tenía éxito, la línea de la Unión quedaría dividida en dos.

A la 1:00, los 160 cañones del Sur dispararon todos al mismo tiempo. El ruido fue tan fuerte que se oyó a cuarenta millas, en Harrisburg, Pensilvania.

Los cañones de la Unión respondieron. Poco después el campo de batalla quedó cubierto del humo blanco y espeso que salía de los cañones. Ningún bando podía ver al contrario. Los grupos de

artillería (los soldados que manejaban los cañones) no podían apuntar bien. Casi todos los cañones de los confederados erraban el blanco. (Los rebeldes no se daban cuenta).

Del lado de la Unión, el brigadier general Henry Hunt estaba al mando de la artillería. Hunt tenía experiencia y era inteligente. Después de una hora de bombardeo constante, les ordenó a sus hombres que cesaran el fuego. Escondieron algunos cañones. Quería que los rebeldes pensaran que todos los cañones de la Unión estaban destruidos.

El truco funcionó. Cuando la Unión cesó el fuego, los confederados creyeron que habían acabado con los cañones del enemigo. De todos modos, el Sur siguió bombardeando por una hora más hasta que se quedaron sin municiones.

Un oficial de artillería del Sur le envió una nota al general Pickett.

"Los 18 cañones [del enemigo] han sido desmantelados. Por el amor de Dios, vengan ya o no podremos aguantar. Ya casi no tenemos municiones".

Pickett buscó a Longstreet.

"General, ¿debo avanzar?", le preguntó.

Longstreet no respondió. Apenas inclinó la cabeza.

Pickett interpretó eso como un sí. "Mandaré a mi división", le dijo Pickett.

Las tropas confederadas empezaron a avanzar. 12,500 hombres debían cruzar tres cuartos de milla a campo abierto y con calor.

Los cañones de la Unión esperaban que los rebeldes se acercaran. Los soldados de la Unión estaban agachados detrás de un muro de piedra, con los rifles cargados y preparados.

A Winfield Scott Hancock, general de la Unión, solo le quedaban 6,000 hombres de los 12,000 que había llevado a Gettysburg dos días antes. Observó el avance de los rebeldes. Al frente se veían las banderas de cada regimiento.

"Sus líneas estaban formadas con precisión y estabilidad", recordaría Hancock más tarde. Los admiraba. Y los rebeldes marcharon hacia adelante.

El ataque de Pickett

En la cresta Seminario, Lee esperaba montado en su caballo, Traveller. Podía ver a sus hombres acercándose cada vez más a las líneas de la Unión.

De repente, la artillería de la Unión abrió fuego. En dos o tres minutos, cientos de confederados murieron o resultaron heridos. Aun así, sus oficiales les ordenaban a las tropas que siguieran avanzando.

Entonces la artillería del Norte empezó a disparar botes de metralla con los cañones. Eran

proyectiles de lata. Cada uno tenía dentro cientos de balas de hierro de una pulgada y media. Los

botes de metralla
se abrían en el
aire y las balas de
hierro se desparra-
maban como si fuera una
explosión. Los soldados de
Pickett volaron en pedazos.

Cuando los pocos confederados que quedaban
se acercaron a cien yardas de distancia, los soldados
de la Unión se levantaron de golpe y descargaron

contra ellos. La primera fila de los confederados desapareció por completo. Los soldados de la Unión apuntaban hacia los oficiales confederados. Casi todos morían o caían heridos antes de llegar a la línea del enemigo.

El general Hancock observaba la acción detrás de la línea de la Unión. De repente, una bala pegó en su montura y penetró en su muslo. Era una herida grave. Hancock pensó que no sobreviviría.

Los "anzuelos" de los extremos de la larga línea de combate de la Unión se abrieron de manera que los soldados del Norte quedaron frente a los flancos de las tropas rebeldes. Ahora, los confederados recibían disparos por tres lados.

El general Lewis Armistead fue el único oficial confederado que pudo llegar al muro de piedra que marcaba la línea de la Unión. Avanzaba hacia adelante, espada en mano. Algunos de sus hombres acababan de entrar en la línea enemiga cuando Armistead recibió un disparo. Segundos después fue capturado.

Armistead sabía que iba a morir. Antes de la guerra, Armistead y Hancock habían sido compañeros en el ejército y se habían hecho buenos amigos. Cuando los estados del Sur se separaron, los dos hombres terminaron en lados opuestos de la guerra. Sin embargo, habían acordado que eso no rompería su amistad. Por eso, Armistead le pidió a un oficial de la Unión que le diera su reloj, sus espuelas y otros objetos personales al general Hancock.

El oficial le dijo que Hancock había sido herido de gravedad. No se sabía si iba a sobrevivir.

"Dígale al general Hancock... que le hice a él y a ustedes un daño que lamentaré por el resto de mi vida", le dijo Armistead. Dos días después murió en un hospital de campamento.

Hancock tuvo suerte. Sobrevivió a la guerra y más tarde le entregó los objetos personales de Armistead a la familia de su amigo.

En el lugar donde Armistead recibió el disparo hay un monumento de piedra. Además de honrar

la valentía de Armistead, el monumento indica el
punto máximo del ataque de los confederados en

Gettysburg. La Carga de Pickett, como también
se recuerda este suceso, fue la última oportunidad
que tuvo la Confederación de derrotar a la Unión
y ganar la guerra. Pero fue un desastre. Los rebeldes
se replegaron lo más rápido que pudieron. Muchos
resultaron heridos y tuvieron que ser retirados del
campo de batalla. Muchos otros estaban demasiado

débiles para moverse. Cientos de cuerpos cubrían el campo de batalla.

Mientras el general Pickett y los soldados que se habían replegado se acercaban a su línea, vieron una figura conocida de barba canosa montada en un caballo gris. Era el general Lee. Le dijo a Pickett que preparara sus tropas para un contraataque.

El general Pickett acababa de ver cómo los cañones de la Unión habían barrido con casi todos sus hombres. Entonces le dijo a Lee: "General, ya no tengo división".

Algunas historias cuentan que Lee les dijo a los sobrevivientes del ataque: "Todo fue culpa mía". Pero Lee no mencionó esto en los libros que escribió sobre la Guerra Civil.

Al final del día, cada ejército mantenía casi la misma posición que había ocupado al amanecer del día anterior. Y habían muerto casi 10,000 soldados más. El día le había salido caro a los confederados. Habían perdido más de 7,000 hombres. La unión había perdido unos 3,000.

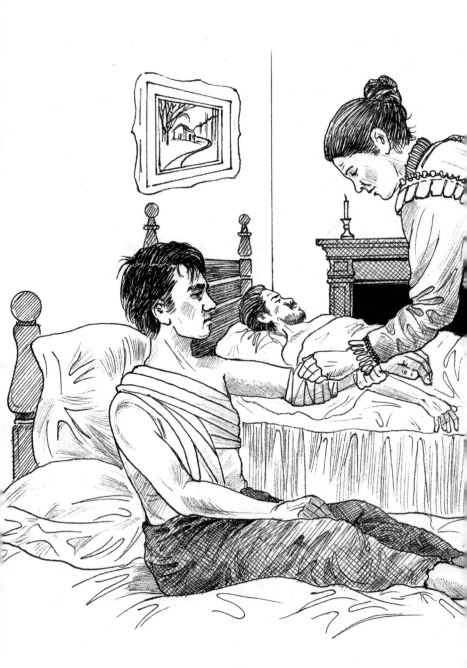

En Gettysburg, cualquier lugar con un techo y espacio para hombres heridos se convirtió en un hospital temporal. La gente del pueblo ayudó todo lo que pudo. Los médicos de la Unión trabajaron día y noche para salvar vidas. Soldados heridos de la Unión y la Confederación yacían juntos.

Lee y Meade pasaron la tarde reunidos con sus respectivos oficiales, contando los suministros y pensando cuántas tropas podrían aún luchar. Cada comandante trataba de adivinar el próximo movimiento de su oponente.

Lee esperaba un contraataque de Meade. El plan de Lee para lograr una victoria decisiva en Gettysburg no había funcionado. Ahora iba a hacer lo que le había aconsejado el general Longstreet todo el tiempo.

El ejército del Sur (o lo que quedaba de él) se retiraría hacia el Sur.

El general Meade, del Norte, sabía que el general Lee era un luchador fuerte a quien no le gustaba rendirse. Pero aun así, Meade esperaba que Lee y sus hombres se replegaran. Por eso, Meade no preparó ningún contraataque para el día siguiente.

Capítulo 7
El día después: 4 de julio de 1863

El Día de la Independencia, ambos ejércitos realizaron el recuento de los daños, es decir, el número de hombres muertos, heridos y desaparecidos. Los totales de la batalla de tres días fueron 23,000 para el ejército de la Unión y 27,000 para el Sur.

El general Lee les informó a sus oficiales que iniciarían la retirada a Virginia esa tarde. Ordenó que se usaran todas las carretas disponibles para transportar a los heridos.

La caravana de carretas tenía diecisiete millas de largo. Llovía torrencialmente. Los caminos de tierra pronto se convirtieron en lodo. El lodo hizo que las carretas de los confederados avanzaran muy lentamente.

Caravana de carretas de los confederados,
de diecisiete millas de largo

Abraham Lincoln, comandante en jefe

Actualmente, Abraham Lincoln es considerado como uno de los grandes presidentes de Estados Unidos. Pero su elección en 1860 dividió al país y dio origen a una guerra. Durante su presidencia, Lincoln también fue comandante en jefe del ejército y la armada. En los primeros dos años de la guerra, el Norte ganó solo una de cinco batallas importantes. Lincoln culpó a los generales principales. No habían sido lo suficientemente agresivos.

Estuvieron "adormecidos".

Lee le pidió a Stuart que acampara con sus hombres en la cresta Cementerio. Eso evitaría que los confederados que se retiraban fueran vistos.

Pero Meade sabía que el ejército de Lee se retiraba. Ya había recibido reportes de que los rebeldes se estaban alejando. Un general agresivo hubiera perseguido al enemigo. Pero Meade era cauteloso. Demasiado cauteloso. Decidió esperar otro día mientras sus tropas descansaban y recibían suministros. Por otra parte, no quería atacar a los confederados por la retaguardia en los pasajes angostos de las montañas South.

Al enterarse de que Meade no iba a perseguir a Lee y su ejército derrotado, Lincoln se puso furioso. Meade había tomado buenas decisiones durante la batalla de tres días. ¿Por qué no terminaba con el Sur ya? ¿Por qué dejar escapar a Lee y sus tropas?

Y la Guerra Civil continuó por casi dos sangrientos años más.

Los principales generales de Lincoln

El primer general de Lincoln era George B. McClellan. Le seguía el general Joseph Hooker, apodado "Joe, el Peleador". Luego venía George G. Meade, quien fue el comandante en Gettysburg. Lincoln quería comandantes como Robert E. Lee, duros y decididos a ganar. Finalmente halló ese tipo de líderes en el general Ulysses S. Grant (quien luego sería el decimoctavo presidente), el general William Tecumseh Sherman y el general Philip H. Sheridan. Sus tácticas agresivas sirvieron para que el Norte ganara la guerra y se fortaleciera la Unión.

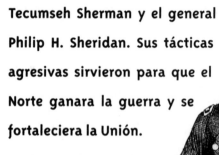

George B. McClellan

Joseph Hooker ("Joe, el Peleador")

George G. Meade

Philip H. Sheridan

William Tecumseh Sherman   Ulysses S. Grant

Capítulo 8
El Discurso de Gettysburg

Al terminar la batalla de Gettysburg, el campo de batalla quedó cubierto de miles de cuerpos de soldados de la Unión y la Confederación.

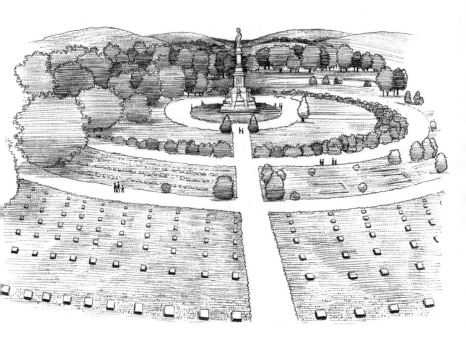

Había que enterrarlos inmediatamente. Muchos fueron enterrados en tumbas poco profundas cercanas al lugar donde murieron.

Pocas semanas después, ciudadanos y políticos ilustres de Pensilvania decidieron establecer un cementerio especial en Gettysburg. Lo llamaron Cementerio Nacional de los Soldados en Gettysburg. (Los soldados confederados quedaron en las tumbas originales del campo de batalla hasta después de la Guerra Civil).

Se compró tierra y se preparó un nuevo cementerio formando dos medio círculos alrededor de un monumento a los soldados.

Los primeros 1,258 cuerpos fueron trasladados a este cementerio a mediados de noviembre de 1863. Se preparó una ceremonia para el 19 de noviembre, y se invitó al presidente Lincoln para que hablara.

Pero Lincoln no fue el orador principal. Ese honor lo tuvo Edward Everett, un famoso orador.

El 19 de noviembre fue un día soleado en Gettysburg. Edward Everett fue el primero en hablar desde un pequeño estrado ante un público de entre quince y veinte mil personas. Habló por dos horas. Dijo que la batalla de Gettysburg estaría entre las batallas más famosas de la historia mundial. Luego fue el turno del Presidente.

Abraham Lincoln había preparado un discurso muy corto, tanto que se dice que lo había escrito rápidamente en el tren camino a Gettysburg.

Edward Everett, dando su discurso

Pero no era cierto. Aunque tenía solo 271 palabras, es uno de los más hermosos y conmovedores discursos de toda la historia estadounidense. Hoy se le conoce como el Discurso de Gettysburg.

Abraham Lincoln no habló de la batalla sino de
los jóvenes que habían muerto luchando. Él podía
ver más de mil nuevas lápidas en la tierra. Lincoln
dijo que los jóvenes soldados no habían muerto
"en vano", es decir, por nada. Habían luchado para
mantener al país unido, como lo habían dispues-
to George Washington y los Padres Fundadores.

Lincoln quería que los estados del Sur supieran que serían bien recibidos nuevamente en la Unión una vez que el Norte venciera y volviera la paz.

A la multitud no le pareció un gran discurso; Lincoln dijo que se sintió como "una manta húmeda". Sin embargo, al día siguiente, Edward Everett le escribió al Presidente. "Debo estar encantado, si me permite halagarme a mí mismo, de haber podido presentar la idea central de la ocasión en dos horas, lo que usted logró en dos minutos".

Gettysburg hoy

En la actualidad el Cementerio Nacional de Gettysburg alberga los cuerpos de más de 3,500 soldados que murieron en ese pueblo, entre ellos el del joven Charlie Spiesberger.

Cada año, más de un millón de personas visita Gettysburg. Ese número supera ampliamente a los visitantes de cualquier otro campo de batalla de la Guerra Civil. El cementerio y los campos de batalla están abiertos todo el año. En ciertas fechas hay representaciones de la batalla con actores que hacen el papel de los soldados de la Unión y los confederados. También hay un museo con exposiciones que explican lo que ocurrió en esos días tan importantes.

El Discurso de Gettysburg

Hace ocho décadas y siete años nuestros padres crearon en este continente una nueva nación, concebida en Libertad y consagrada al principio de que todos los hombres son creados iguales.

Ahora estamos enfrascados en una gran guerra civil, que pone a prueba la capacidad de esta nación, o cualquier nación así concebida y consagrada, para perdurar en el tiempo. Nos hemos reunido en un gran campo de batalla de esa guerra. Hemos venido a consagrar una parte de ese campo como lugar final de descanso de aquellos que entregaron su vida, para que esta nación siga viva. Es absolutamente justo y apropiado que lo hagamos.

Pero en un sentido más amplio, no podemos dedicar, no podemos consagrar, no podemos santificar este suelo. Los valientes hombres, vivos y muertos, que lucharon aquí, lo han consagrado mucho mejor que nosotros con nuestro escaso poder para añadirle o restarle algo. El mundo apenas advertirá y no recordará por mucho tiempo lo que aquí digamos, pero nunca podrá olvidar lo que ellos hicieron aquí. En cambio somos nosotros, los vivos, quienes debemos seguir dedicados a esta obra inconclusa, iniciada noblemente por aquellos que aquí lucharon. Nosotros, los vivos, debemos ocuparnos de la gran tarea que nos ha quedado: aprender de estos venerables muertos a dedicarnos con mayor devoción a la causa por la que ellos entregaron todo lo que es posible entregar; declarar aquí solemnemente que esas muertes no han sido en vano; que esta nación, con la ayuda de Dios, verá renacer la libertad, y que el gobierno del pueblo, por el pueblo y para el pueblo no desaparecerá de la faz de la Tierra.

Carta de un soldado

Reg. N.° 140, voluntarios de NY

Campamento cercano a Falmouth Va.

Sábado 20 de febrero/63

Queridos padres, hermanos y hermanas:

[Recibí] la carta [...] 19 ayer por la tarde, en la que me hablan de la [segunda] caja que habían enviado por correo. Me alegra saber que han enviado la segunda caja, son cosas que quiero usar. Todavía no he visto ninguna [de las cajas]. En mi última carta les dije que estaba enfermo. Ahora ya estoy bien [y] listo para la actividad. Tuve algo de [fiebre] Vamos a tener una Brigada [Panadería]. Están trabajando todo el día para construirla. Espero que la terminen pronto y empezar a usarla. Ahora tenemos que hacernos nuestras raciones de harina [moldeadas] para comer y no [es] un [trabajo] agradable. Hoy el tiempo está lindo, el sol [sale] cálido y agradable y los muchachos están afuera calentándose. Todos los días enviamos [detalles] sobre si el tiempo permite trabajar en una fortificación que están levantando en el ferrocarril, a casi dos millas de aquí. No he salido pero espero que me llegue el turno en pocos días. Una cosa, los muchachos no se [lastiman] trabajando, se los aseguro. Ellos saben...

y [] por un movimiento del Gran Ejército de Rochester. Aquí no tenemos apuro en seguir hacia Richmond. No creo que los que [nos piden] que vayamos rápido, lo hicieran en realidad si estuvieran en nuestro lugar. Los soldados no quieren luchar como [muchos] piensan porque no ven que la guerra [tenga fin]. El Viejo 13.º pronto nos dejará su [poco respeto por el... Reg]

Es mejor que usen los [dólares] que dejé para reparar la [casa]. Ellos están recibiendo [la mayoría demasiado]. Podrán obtener lo [mejor] de ellos. [Igual] pueden hacer lo que quieran. Si no los usan, guárdenlos para ustedes, para vivir o pueden usarlos en el granero. Como ustedes [quieran].

Lo mejor de su hijo.

Con cariño para todos.

Charlie

Courtesy of Jim O'Connor

Charles Spiesberger, soldado de la Unión,
Compañía D de Infantería N.° 140 de Voluntarios
de Nueva York, quien pereció en la batalla de
Gettysburg, y era el tío del abuelo del autor.

Línea cronológica de la batalla de Gettysburg

1860 — Abraham Lincoln es elegido presidente.
Carolina del Sur se separa de la Unión.

1861 — Diez estados más del Sur se separan de la Unión.
Comienza la Guerra Civil.

1863 — La Proclama de Emancipación, que libera a los esclavos en los estados rebeldes, entra en efecto el 1 de enero.
1 de julio: Comienza la batalla de Gettysburg.
4 de julio: Las tropas confederadas salen de Gettysburg.
19 de noviembre: Lincoln pronuncia el Discurso de Gettysburg.

1865 — Lee se rinde en el el pueblo de Appomattox Court House, Virginia.
Lincoln es asesinado en Washington, D.C.
El presidente Andrew Johnson comienza la Reconstrucción.
Se aprueba la Decimotercera Enmienda, por la cual se hace efectiva la abolición de la esclavitud.

1870 — Muere el general Lee.

1872 — Muere el general Meade.

1895 — El Congreso crea el Parque Nacional Militar Gettysburg.

Línea cronológica del mundo

Se firma el Acuerdo de los Tres Quintos (el Norte y el Sur — **1787** acuerdan que tres quintos de la población esclava de un estado contarán como representación y para el cálculo de impuestos).

Se inventa la desmotadora de algodón, lo cual aumenta — **1793** la demanda de esclavos en el Sur.

Rebelión del esclavo Nat Turner en Virginia; mueren más de — **1831** cincuenta habitantes blancos antes de la captura de Turner.

Para esta fecha, la mayoría de los afroamericanos del Norte — **1840** son libres.

Termina la Segunda Guerra del Opio en China. — **1860**

Se tiende el primer cable telegráfico transatlántico — **1866** permanente.

Alfred Nobel obtiene la patente de la dinamita. — **1867** Se compra el territorio de Alaska a Rusia.

Se termina el primer ferrocarril transcontinental — **1869** en Estados Unidos. Se abre el Canal de Suez en Egipto.

Alexander Graham Bell inventa el teléfono. — **1876**

Se funda el Instituto Tuskegee, una histórica universidad — **1881** para personas de color.

George Meade, general de la Unión

Richard Ewell,
general de la Confederación

James P. Longstreet,
general de la Confederación

Soldados confederados caídos en Gettysburg

La Guarida del Diablo

La Pequeña Cima Redonda

Gettysburg en 1863

Soldados de la Unión caídos en Gettysburg

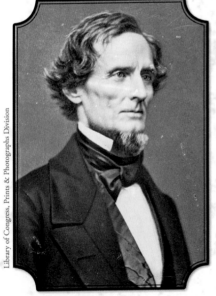

Jefferson Davis,
presidente de los Estados
Confederados de América

George E. Pickett,
general confederado que lideró
el desastroso ataque

Lápidas del cementerio del Parque Militar Gettysburg

Lincoln's Address at the Dedication of the Gettysburg National Cemetery, November 19, 1863.

Abraham Lincoln pronuncia el famoso Discurso de Gettysburg.

El presidente Abraham Lincoln, comandante en jefe de las fuerzas de la Unión

Joshua Chamberlain, general de la Unión condecorado con la Medalla de Honor por su esfuerzo en Gettysburg

Jeb Stuart, general de la Confederación y explorador de confianza de Lee

General Robert E. Lee, oficial al mando de todas las fuerzas confederadas

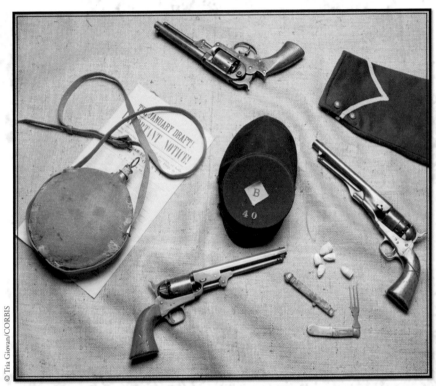

Revólveres y equipo de la Unión

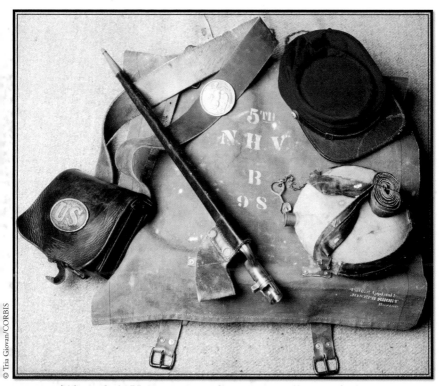

Alforja de la Unión con artefactos, entre ellos una bayoneta

Chaqueta y estuche de instrumental de cirujano

Instrumental para amputaciones de 1863

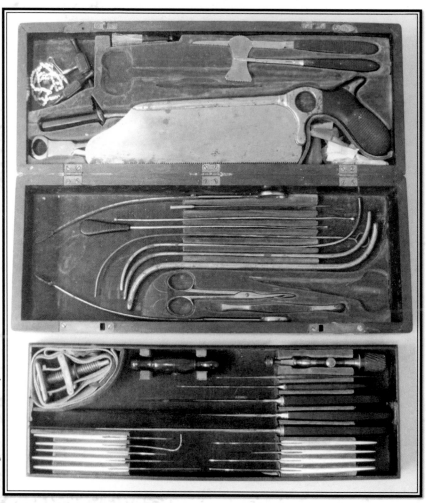

Soldado de la Unión, del Regimiento 22 de la Milicia del Estado de Nueva York, en Harpers Ferry, Virginia

Soldados confederados junto a un obús modelo 1857 ("Napoleón"), el arma de artillería más común durante la Guerra Civil

Oficial de la Milicia 7 del Estado de Nueva York, uniformado

Retrato de soldados de la Unión, de la Compañía 1, Regimiento 24 de Infantería, uno de los 175 regimientos de soldados afroamericanos reclutados en 1863

Dos soldados
afroamericanos
de la Unión,
uniformados

Soldado afroamericano de la Unión con su familia